ブックレット新潟大学

2025年の新潟を展望する

―新潟をめぐる７つの課題―

田村　秀

新潟日報事業社

もくじ

はしがき

二〇〇〇年に一度といわれる大不況が地域にも様々な影響を与えています。失業率の増加や有効求人倍率の低下など景気対策はまったなしの状態です。ゴールデンウイークには、高速道路が一〇〇〇円乗り放題となったこともあって、観光地は例年以上に賑わいました。確かに一定の景気対策にはなったのでしょうが、例えば各地で大渋滞が発生したことは二酸化炭素の排出など地球環境には従来よりも負荷をかけてしまったのではないかと危惧するのは杞憂なのでしょうか。このような変化の激しい、厳しい時代だからこそ、短期的な目線だけでなく中長期的な視点から物事を考えることが求められているのではないでしょうか。

本書では、今世紀の第一・四半期が終わる二〇二五年を一つの区切りとして、新潟が抱える中長期的な政策課題を七つ選んで論じます。少子・高齢化、観光振興、地球温暖化、災害対策、二〇一四年問題、道州制、そして新潟のブランド力と相互に関連し、また、観光振興と地球温暖化のように、どちらかを重視することで他方にマイナスの影響が出てくるようなものも取り上げています。すでに県や市町村は政策課題の解決のために様々な取り組みを行っています。しかし、これらの課題は地方自治体だけですべて解決できるものではありません。国や経済界、各種団体の協力はもとより、市民一人一人が自分たちの問題として向き合わなくてはならないものです。本書を読むことで多くの方にこれらの政策課題に関する問題意識を共有してもらえたら幸いです。

はじめに

○ 新潟県の歴史を振り返る

新潟県は、古代には越《こしの》（高志）国《くに》の一部で、律令制に基づいて設置された区分では越後国と佐渡国に分かれていました。廃藩置県によって、当初村上県、新発田県など一三の県が設置されましたが、府県統合によって一八七一年末には新潟県、柏崎県、相川県の三つにまとめられました。その後、柏崎県、相川県は相次いで統合され、一八七六年四月に新潟県となり、一八八六年五月に東蒲原郡が福島県から移管され、現在の区域が確定しました。

新潟県は農業県として稲作が盛んで、長らく米の収穫量日本一を誇っていました。また、戦前から石油や天然ガスの産地としても有名でしたが、戦後は一九六四年に新潟地域が新産業都市に指定され、新潟東港が開港するなど工業も盛んになりました。

○ 交通体系の整備が進んだ新潟県

元々幕末期に開港五港の一つとなり、日本海側の重要港として新潟港の整備が進められるなど、新潟県は日本海に面する府県の中では比較的早くから交通体系の整備が行われてきました。

一九七八年には北陸自動車道が一部開通し、一九八二年には上越新幹線が暫定開通するなど着実に高速交通体系の建設が進められ、一九八〇年代には北陸・関越両自動車道が、一九九七年には磐越自動車道が、そして一九九九年には上信越自動車道が全線開通するなど、北海道を除くと全国一長い高速道路網を有する県となりました。また、新潟空港からは札幌、名古屋、大阪、福岡、那覇などの国内都市のほか、ロシアや中国、韓国、グアムの諸都市へ定期航路も就航しています。

○　新潟県の抱えてきた課題

このように、日本海側の中心的な地域として新潟県は発展を続け、二〇〇二年にはサッカーのワールドカップの試合がビッグスワンで開催されるなど世界からも注目を浴びるようになりましたが、一方、様々な課題も抱えてきました。戦前では、日本三大小作争議の一つに数えられる木崎村（現在の新潟市北区）小作争議が起き、戦後は一九六四年に新潟地震、一九六七年に羽越豪雨、二〇〇四年に七・一三水害と新潟県中越地震、二〇〇七年に新潟県中越沖地震と大きな災害に度々襲われています。また、一九六五年には阿賀野川流域で第二水俣病が確認されるなど、深刻な環境汚染も広がりを見せました。このほか、新潟県内でも新潟市などの都市部に人口が集中する一方で山間部などでは過疎化が進行し、都市と地方の様々な格差が生まれてくるようになりました。

それでは、地域間競争が激しさを増す中で、新潟県や新潟県内の市町村にどのような政策課題があり、どのように対処すべきなのかについて考えてみたいと思います。

第一章　少子・高齢化と人口減少社会への対応

○日本一の人口を誇った新潟県

人口だけでなく政治、経済などの様々な機能が東京に集中し、いわゆる一極集中の弊害が叫ばれて久しいですが、人口に関しては明治初期には東京ではなく、新潟県が一番だったということをどれだけの新潟県民が知っているでしょうか。新潟出身の大学生に聞いても知らないと答える人もいますから、もしかすると小中学校ではきちんと教えられていないのかもしれません。

一八八八年の日本の総人口は三九六三万人、そのうちの四・二％に当たる一六六万人が新潟県に住んでいました。これは四七都道府県の中で第一位で、東京都（当時は東京府）は第四位にとどまっていました（表1）。広大な越後平野を背景に、江戸時代から稲作が盛んで、水にも恵まれ多くの人口を抱えることが可能だったからです。

総人口の四・二％というのは、現在の日本の人口に当てはめてみると約五三七万人となります。仮に明治期以降、都道府県間での人口移

表1　1888年の人口

順位	都道府県	人口（万人）	割合
1	新潟県	166	4.2%
2	兵庫県	151	3.8%
3	愛知県	144	3.6%
4	東京府	135	3.4%
5	広島県	129	3.3%

出典：総務庁統計局『日本長期統計総覧（1987）』

動がなかったとすると現在の福岡県よりも人口の多い大県だったことを意味します。別の見方をすれば、二〇〇八年における新潟県の人口は約二三九・五万人ですから、新潟県外に約三〇〇万人、明治初期以降に新潟県を離れて暮らしている同郷の人たちがいるわけです。

○ その後は人材の供給側に

明治の初期に日本一人口が多かった新潟県も、その後は東京などへの人口の流出によって順位を下げていきますが、自然増もあって人口そのものは徐々に増加しました。一九三六年に人口が二〇〇万人を突破し、戦後直後は疎開や復員によって人口が急増しました。一九五五年には二四七万人に達しましたが、日本が高度経済成長期に入ると再び人口の社会減が自然増を上回るようになり、一九七一年（約二三六万人）まで緩やかに人口が減り続けました。翌年からは再び人口増に転じ、一九八五年に二四八万人となり、その後一九九〇年までは微減しました。一九九一年からは再び増加に転じ、一九九六年には二四九万人と二五〇万人の大台にあとわずかにまで迫りましたが、少子化の傾向は新潟県も例外ではなく、人口減に転じ二〇〇八年にはとうとう二四〇万人台を割り込んでしまいました。現在では、四七都道府県中、広島県、京都府に次いで一四位に順位を下げています。一五位の宮城県とは六万人弱しか差がありません。

新潟県は主に太平洋側の大都市部に多くの人材を送り出してきました。一九五〇年以降の人口の社会減は八〇万人を超過しています。我が国の経済成長は新潟県など地方から工業が盛んな太平洋ベルト地帯へ供給されていった人材によって支えられていたのです。

○　全国平均を上回る少子・高齢化の動き

世界にも例を見ない急速な少子・高齢化の波が日本全体に様々な影響を与えています。国全体では、医療、福祉、教育そして年金など様々な分野で大胆な改革を進めることが避けられなくなっています。また、地方では、過疎化が進行し、集落の維持すら困難となっているところもあります。二〇〇五年の国勢調査で六五歳以上の高齢者の割合が日本全体で二〇%に達しました。これはあくまで全国平均ですから、地域によってはもっと高齢化しているところがあります。一般的に大都市よりも地方のほうが高齢化しているところが多く、この点は新潟県も例外ではありません。

新潟県全体では、一九八〇年に一一・二%、一〇年後の一九九〇年には一五・三%、二〇〇〇年には二一・三%と全国平均を凌ぐ勢いで高齢化が進展しています。そして二〇〇七年には二五%と、ついに県民の四人に一人が六五歳以上となりました。また、高齢者の数は年少人口（一四歳以下の人口）のほぼ倍になっています。更に、新潟県内の合計特殊出生率も一・三七（二〇〇七年）とほぼ全国平均並みで少子化傾向にも歯止めがかかっていません。

市町村ごとでは粟島浦村、阿賀町ですでに高齢化率が四割を超えています。一方、聖籠町は全国平均以下で、新潟市もおおむね全国平均並みの高齢化率にとどまっています。

新潟県の推計によれば、二〇二五年には高齢化率が三四・二%と三人に一人が高齢者となり、しかも七五歳以上の割合も二割を超えるなど、今後一層高齢化が進むことが予想されています。

高齢化率が高くなると地域の活力の低下が心配されます。これまで冠婚葬祭や道路の雪かきなどの様々なコミュニティ活動を地域の住民が助け合い、協力し合って実施してきましたが、若者の数の減少と高齢者の増加はこのような活動を続けることを難しくしています。また、これまでサラリーマンなどとして働いていた人の多くが引退するとそのほとんどは、市町村が運営する国民健康保険の対象となります。高齢者が増え、医療費が増大するなど国民健康保険の運営に困難を来す市町村も少なくありません。二〇〇〇年から始まった介護保険制度も対象者が増え、市町村の財政負担が重くなっています。その一方で、福祉の現場では重労働であるのにもかかわらず給与など待遇が必ずしも良くないため、離職者が絶えないなど深刻な問題が生じています。

高齢化は、特に中山間地域などに深刻な影を投げかけています。集落の高齢化率が五〇％以上のところは限界集落と呼ばれています。限界集落とは集落の自治や共同体としての機能が衰え、将来消滅の危機があるところを指します。新潟県内にもこのような集落が増えています。中には、すべての住民が六五歳以上というところすらあります。これから一〇年、二〇年の間に幾つもの集落がなくなってしまうことでしょう。集落の消滅は地域社会の崩壊だけでなく、中山間地域が持つ保水機能など国土保全機能が低下してしまうことを意味します。こうなると地方だけでなく、都市にも大きな影響を与える日本全体の問題となります。

○外国人住民の増加と地域社会の変化

日本全体が高齢化し、人口減少社会に突入する中で、外国人住民の増加によって地域社会が大きく変容を遂げようとしています。諸外国に比べると外国人住民の割合が比較的低かった日本も、バブル経済真っ盛りの一九九〇年に労働者不足を解消するために入管法が改正され、日系三世に定住者としての在留資格が与えられ、外国人住民は増加の一途を遂げました。現在では二〇〇万人を超え、総人口に占める割合も一・七％となりました。近年、外国人住民が多い地域は東海地方など自動車産業をはじめとする第二次産業が盛んなところで、最も外国人住民の割合が高い群馬県大泉町では約一七％となっています。

都道府県単位で見ても、外国人が住んでいる地域には偏りがあります。東京都や愛知県では人口に占める割合が三％に達していますが、青森県や鹿児島県ではその一〇分の一の〇・三％にすぎません。一方、新潟県内に住んでいる外国人住民の数は約一万四〇〇〇人、人口比ではわずか〇・六％、東北や九州同様、低い水準にとどまっています。また、全国的に外国人住民の数が増加傾向にある中で、県内では二〇〇二年以降増減を繰り返し、その数はあまり変わっていません。新潟県内の外国人を国籍別に見ると、中国が約三八％と最も多く、韓国・北朝鮮が一六％、フィリピンが一五％と続きます。

外国人住民の増加は地域社会に大きな変化をもたらしています。大泉町ではブラジルやペルー国籍の住民が多いことから、ポルトガル語やスペイン語に対応できる職員を配置したり、すべての小中学校に日本語学級を設けたりしています。町のごみ収集ステーションには日本語のほか、ポルトガル語などでも注意事項が書かれています。町のあちこちにある看板の多くも同様に日本語とポルトガル語が併記されていて、他の地域とは異なる光景を目の当たりにします。

同様に外国人住民が多い愛知県豊田市の北部にある保見団地では、住民の半数近くが外国人で占められています。また、二〇〇七年には団地にある西保見小学校の新入学生三七人のうち過半数の一九人が外国籍の児童でした。

○　多文化共生社会の構築を目指して

このように、外国人住民の増加は地域社会に様々な影響を及ぼしますが、全国的に見ても外国人住民の割合が低い新潟県にはあまり影響はないのでしょうか。これまで述べてきたように、他地域よりも高齢化が進行しているため、介護、医療などの分野での人材不足が懸念されています。すでに政府はＦＴＡ（自由貿易協定）を締結して、インドネシアとフィリピンから看護師や介護福祉士を受け入れ始めています。新潟県にも、これからは介護、福祉の貴重な人材として外国人が増加することが予想されます。

既に外国人住民が増加している地方自治体では多文化共生社会の構築を目指した取り組みが進められています。この多文化共生社会とは、「国籍や民族などの異なる人々が、互いに文化的ちがいを認め、対等な関係を築こうとしながら、共に生きていく社会をいう。すなわち、多様性にもとづく社会の構築という観点に立ち、外国人および民族的少数者が、不当な社会的不利益をこうむることなく、また、それぞれの文化的アイデンティティを否定されることなく、社会に参加することを通じて実現される、豊かで活力ある社会」（外国人との共生に関する基本法制研究会）とされています。ヨーロッパ諸国の中にはドイツなど外国人住民の割合が一割前後にまで達している国もあります。経済活動が国境を超えグローバル化するだけでなく、地域社会の構成員も大きく変容を遂げようとしています。

二〇二五年頃には、新潟県内でも今以上に外国人住民が生活することが考えられます。多様性を肯定的にとらえ、これから高齢化を支える人材として住むであろう外国人を単なる労働力と見なすのではなく、外国人住民も地域社会の一員であるという視点から共生社会をつくり上げる仕組みを今から準備する必要があります。

第二章　観光客の減少と観光産業の復権

○　全国有数の観光地、新潟県

二〇〇八年一〇月に観光庁が発足し、政府は海外からの観光客を二〇一〇年までに一〇〇〇万人にまで増やそうとしています。今や、観光産業はサービス産業の中でも中心的な存在となっています。観光産業はホテルや旅館のみならず、レストランや食堂などの飲食業、バスやタクシーなどの運輸業、食品卸売業などと関連が深い、すそ野の広い産業です。特に、これといった基幹産業が見当たらない地域では、観光産業にかける期待も少なからぬものがあります。

新潟県は佐渡島《さどがしま》や数多くの温泉地を抱える全国有数の観光地といわれ、年間七〇〇〇万人以上の観光客が訪れています。また、二〇〇九年には新潟県観光立県推進条例が施行されるなど、新潟県も観光産業の育成に力を入れています。

しかし、我が国の観光客の集計結果に関しては、統一した基準がないこともあって、信憑性が低いと指摘されています。すなわち、都道府県によってその手法が異なりますし、また、年次によっても手法が変わることもあって、同一都道府県内でも比較できない場合があります。いずれにしても、現時点では単純に都道府県が公表しているデータ同士を比べても客観的な比較にはなりません。例えば、二〇〇二年の県外からの観光客数は京都府が四九二六万人、大阪府が六一五万人、大分県が三八四八万人、宮崎県が四八八万人となっていますが、大分県を訪れる県外客が大阪府の六倍以上、宮崎県の八倍近くと単純に結論づけることはできません。特に宮崎県の場合は、他県の多くが延べ人数でカウント（例えば佐渡と月岡温泉を訪れた観光客は二人と重複計上）しているのに対して、実数でカウントしているため少なめになっているようです。

○　観光客の減少が与える地域への影響

このように不完全な統計である観光客数ですが、新潟県の観光客の推移を見ると一九九三年から一九九六年までは増加し、八一八〇万人にまで達しました。しかし、その後減少に転じ、二〇〇四年には新潟県中越地震が起こったこともあって、年間の観光客数は六六〇〇万人台にまで落ち込んでしまいました。一九九〇年代後半以降は景気の低迷もあって、全国的に観光客数は減少傾向にありました。特に東京近郊の有名な温泉地では、名だたる老舗旅館が経営に行き詰まり、あるところは閉館に追い込まれ、あるところは外資系の資本に買収され、地域社会にも大打撃を与えています。栃木の鬼怒川温泉や静岡の熱海温泉などはその代表例といえるでしょう。

新潟県内でもバブル経済の崩壊後、新潟中央銀行の破たんに伴い新潟ロシア村、柏崎トルコ文化村が相次いで閉園に追い込まれ、また後に述べるように佐渡の入り込み客が落ち込むなど観光客が減少し、地域へも暗い影を投げかけました。

○ 二〇〇九年は巻き返しの年

新潟県では、〝食〟をテーマとした「新潟デスティネーションキャンペーン」や、直江兼続が主人公となるNHKの大河ドラマ「天地人」の放送、一九六四年以来四五年ぶりに開催される「トキめき新潟国体」、三年に一度開催されるアートの祭典「大地の芸術祭」など、新潟県を全国にPRする絶好の機会が重なる二〇〇九年を、「新潟県大観光交流年」と位置付け、新潟を県内外に広く発信する取り組みを進めています。おそらく、これだけ集客力が見込めるイベントが続けて行われるのは過去にもなかったことだと思います。それだけ新潟県をはじめとする関係団体の力の入れようは並々ならぬものでしょう。新潟デスティネーションキャンペーンでは新潟県だけでなく庄内地方ともタイアップして一〇月から一二月まで開催されます。

○ 新潟県の観光をめぐる諸課題～佐渡を例に～

このように大々的なキャンペーンが新潟県内で繰り広げられますが、それでは、新潟県の観光をめぐる諸課題としてどのようなものが挙げられるのでしょうか。ここでは、新潟県の一大観光地である佐渡を例に挙げます。

佐渡は東京駅から新潟駅まで新幹線で約二時間、佐渡汽船に乗り換えて、ジェットフォイルだと一時間で行けることもあって、一泊ないし二泊での手軽な観光ツアーが人気で、一九八〇年代には数多くの観光客で賑わいました。一九九一年には佐渡への観光客数が一二三万人を記録しましたが、その後は減少の一途をたどっています（図1）。この図からも明らかなようにバブル経済の崩壊後、佐渡への観光客の減少は著しく、最近ではピーク時の半分以下の水準になっています。

それでは、佐渡へ観光客がこれだけ減少したのはどのような理由によるのでしょうか。その理由は必ずしも明らかではありませんが、以下のようなことが考えられるのではないでしょうか。

・佐渡には様々な観光地がありますが、観光客が何度も訪れようと思うところが少ないのでは？
・佐渡の宿泊施設は団体旅行向きなのが多いのでは？
・佐渡まで、あるいは島内の交通費が高いのでは？
・佐渡の隠れた観光スポットなどの情報が島外にあまり届いていないのでは？

図1　佐渡の観光客数の推移

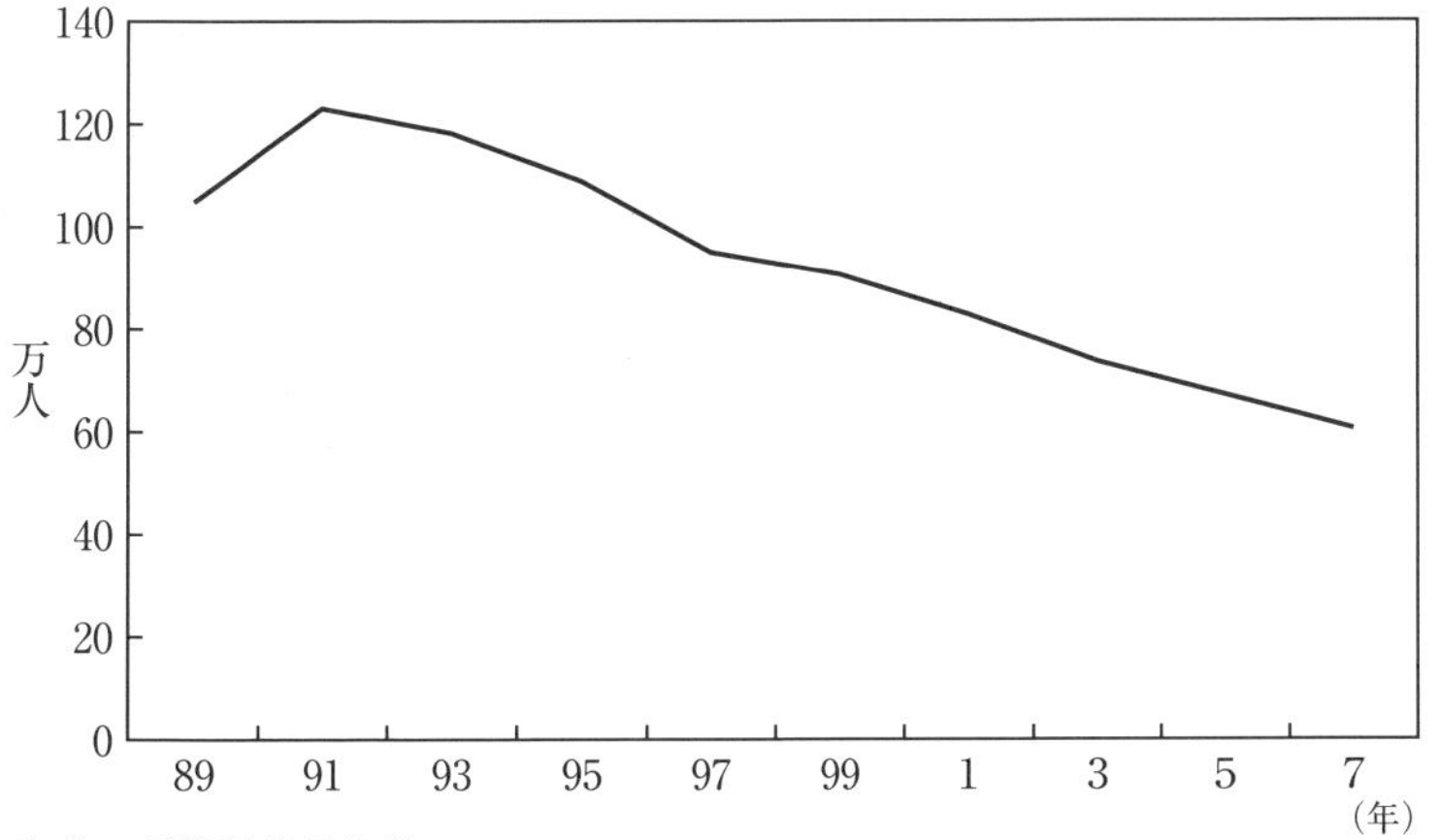

出典：新潟県統計年鑑

実際、佐渡にはガイドブックにあまり出ていないような隠れた観光スポットも多数あり、これらをもっと情報発信することも必要だと思いますが、私自身、宿泊施設に少なからず課題があると考えます。昨今、団体旅行よりも家族や友人同士での旅行が主流となっている中で、佐渡は依然として団体旅行向きのホテルが多く、また、施設も他の観光地に比べて老朽化が目立ちます。

佐渡の観光地についても、ガイドブックで詳しく紹介されているところの多くは一度訪れれば十分と考える観光客も多いかもしれません。しかも佐渡までの交通費は決して安いものとはいえません。ジェットフォイルの通常料金は往復で一万円を超えることもあります。団体の場合は各種割引などによってこれほどはかからないでしょうが、個人客にとっては大きな出費です。

一方、せっかく佐渡空港があるにもかかわらず、現時点では定期路線が一つも飛んでいないという由々しき事態に陥っています。同じ離島でも隠岐では大阪便や出雲便がありますし、壱岐や対馬、五島列島も同様に航空路線が確保されています。お金をかけても往復の時間はあまりかけたくないという志向の観光客には対応できないのも課題の一つです。この点は、滑走路の延伸ができないことが大きな影響を及ぼしています。

このように様々な課題がある佐渡の観光ですが、トキの自然放鳥など明るい話題も少なくありません。今後は佐渡の自然や歴史資源をうまく生かし、比較的少人数の観光客にターゲットを絞った取り組みが有効なのではないでしょうか。

また、レストランを星の数で格付けすることで世界的に有名なミシュランの観光ガイド、『ミシュ

写真１　佐渡の二ツ亀

ラン・グリーン・ガイド・ジャポン』では、新潟県内で佐渡が唯一、一つ星を得ました。その中で街並みとしては両津、真野、小木が一つ星となり、根本寺、佐渡金山、小木民俗博物館も同様です。さらに二ツ亀・大野亀がその絶景から二つ星を得ています（写真１）。ちなみに、三つ星は「必ず見るべき」、二つ星は「とても面白い」、一つ星は「面白い」観光地とされています。これらの評価はフランス人の視点からのものですが、ミシュランで高い評価を得た観光地には海外からの観光客が数多く訪れます。例えば金沢市は、市自体が二つ星となり、兼六園が三つ星を得るなどの評価となったこともあり、海外からの観光客が増加しています。佐渡でも、星を得たことを契機に海外からの観光客の受け入れ態勢を充実することが求められます。

○　新潟県の観光の顔は何か

新潟県の観光について考える場合、何が観光の顔となるのか、なかなか思いつかない人もいるのではないでしょうか。例えば、宮城県なら松島、岩手県なら平泉、栃木県なら日光と有名な観光地の名前がすぐに挙がってくるでしょうし、香川県ならさぬきうどん、仙台市なら牛タン、宇都宮市なら餃子と食べ物の名前が浮かんでくるところも少なくありません。新潟県の場合、米とか雪、お酒といったところでしょうか。ちなみに私はこの三つを越後三白と呼んでいます。これは香川県の特産品だった讃岐三白（塩、砂糖、綿）にひっかけたもので、お酒は雪解け水とお米が使われているのでこじつけで入れたものです。

最近では新潟県の観光ポスターなどで南蛮エビが取り上げられるのを目にすることがあります。確かに佐渡沖で取れる南蛮エビは美味ですが、観光の顔としてのインパクトはいかばかりでしょうか。同じ魚介類でもカニやカキ、伊勢エビなどを扱う専門店は結構ありますが、南蛮エビの専門店はほとんどないでしょう。少なくとも新潟市内の繁華街で南蛮エビを大々的に宣伝している飲食店を見かけたことがありません。これでは、せっかく南蛮エビを楽しみに新潟を訪れた観光客はがっかりしてしまうでしょう。むしろ、米やお酒といった昔から新潟の顔として全国区になっているものを観光の顔として前面に押し出したほうがまだ分かりやすく効果的に思えます。そのうえで、のどぐろや南蛮エビ、寒ブリといった魚介類やのっぺ、黒埼茶豆やかきのもとなどの郷土色豊かな料理をうまく組み合わせてＰＲすべきでしょう。

観光ＰＲはとても大きな効果をもたらす半面、実態とずれたものになってしまうと期待してきた観光客を失望させるだけでなく、口コミなどによって悪いイメージが伝わるなどのマイナスの効果になりかねないのでその内容は吟味が必要です。

二〇〇九年はＮＨＫの大河ドラマ「天地人」の放映もあって、新潟県内の各市町村では様々なキャンペーンを行っています。しかし、新潟市のキャッチフレーズ、「越後天地人のふるさと新潟市」は少し大げさな感じもします。新潟市役所はもとより、新潟駅など市内のあちこちにこのキャッチフレーズのノボリが目につきます。確かに、直江兼続の弟大国実頼の居城天神山城跡は岩室にありますし、直江兼続が中ノ口川の治水や新田開発を行うなど史跡もありますが、直江兼続の故郷南魚沼市や春日山城のある上越市でも「ゆかりの地」と言っているだけです。

天地人の作者、火坂雅志氏の出身は新潟市ですから、「天地人作者のふるさと」ならば正確なのでしょうが、いずれにしても、このようなＰＲのキャッチフレーズに惹かれて新潟市を訪れた観光客は「ふるさと」とは名ばかりのわずかの史跡を訪れてがっかりとしたのではないでしょうか。そもそも、直江兼続や上杉景勝にゆかりのある史跡は新潟県内に様々ありますが、観光地として整備されているところは残念ながらあまり多くありません。長い目で見れば、背伸びしすぎた観光ＰＲは必ずしもプラスにはならないでしょう。

○ 新潟の食をめぐる諸課題

食は新潟の観光にとって大きな魅力となるものですが、課題もいくつか見え隠れしています。全般的に豊富な海の幸、山の幸に恵まれ、食のレベルとしては全国的に見ても高いものだと思います。新潟のおいしい食べ物を食べるためだけに訪れる観光客も少なくありません。

しかし、素材の良さに満足しきっているだけでは他の観光地との激しい競争に勝ち抜くことはできません。数は必ずしも多くはないですが、素材の良さを売り物にはするものの、味付けや盛り付けなど料理としての工夫に欠けているお店もあるようです。

最近では高価な料理などのいわゆるAクラスのグルメよりも、ご当地グルメ、あるいはB級グルメと呼ばれる庶民的な食が多くの人の関心を呼び、観光の目玉として期待する地域も増えています。拙著『B級グルメが地方を救う』（集英社新書）では、B級グルメを「値段は安めでその割には結構美味な、庶民的な食べ物」として、具体的には千円札でお釣りがくるぐらいの食べ物と定義しています。また、その地の特産品などを素材に使ったものも多く、地域の文化や歴史を色濃く表した〝ソウルフード〟ともいえるようなものばかりです。

具体的には宇都宮市の餃子や静岡県富士宮市の焼きそば、香川県のさぬきうどん、静岡市の静岡おでん、長野県駒ケ根市のソースかつ丼、北海道室蘭市の焼き鳥など何十年もの歴史を持つ老舗のB級グルメから、北海道北見市のオホーツク北見塩焼きそば、茨城県龍ケ崎市の龍ケ崎まいんコロッケ、神奈川県湯河原町の坦々焼きそば、北海道白老町の白老バーガー&ベーグルなど地域振興を目的にここ数年の間に誕生したＢ級グルメも数多くあります。

今ではこのようなＢ級グルメを重要な観光資源として位置づけ、積極的にＰＲする自治体が増えていますが、新潟県内では必ずしもそのようには認知されていないようです。例えば、新潟観光コンベンション協会が作成した「新潟グルメガイドブックようきなった」の二〇〇八年度版では、新潟市の飲食店が数多く掲載されていますが、新潟のたれかつ丼や若鳥の唐揚げ、究極のＢ級グルメともいえるイタリアンについては全くといっていいほど触れられていませんでしたし、新潟ラーメンについてもときめきラーメン万代島のお店が紹介されていたにすぎません。

新潟の食の課題については、第七章の新潟のブランド力でもあらためて取り上げます。

○海外からの観光客を増やすためには

観光のターゲットは国内の旅行客だけでなく、海外からの旅行客にも熱い視線が注がれるようになりつつあります。政府の動きに呼応するかのように、各自治体も海外からの旅行客を誘致するために積極的な活動を行っています。特に韓国や中国、台湾、香港といった東アジア地域は、経済発展が目覚ましく、海外旅行の需要も高まっています。

日本海側の道府県も競って海外からの旅行客の誘致を行っています。その中で、新潟空港は韓国、中国さらにはロシアとの定期航空路線があることから、他地域に比べて有利な条件を備えていますが、地域間競争が激しくなっているだけに積極的な誘致策が不可避となっています。

韓国や台湾から日本を訪れる観光客の中には、日本でゴルフやスキーを楽しむものも少なくありません。その意味では新潟県にも地の利があるわけですが、東北、北海道などが強力なライバルとなります。そのため、食などで差別化を図るなどの戦略が欠かせません。

また、新潟県に限った話ではありませんが、ホテルやレストラン、交通機関などにおける海外からの観光客への対応には課題が多いといわれています。言葉の面が最も大きな問題ですが、メニューなど最低限英語版を用意することは単に旅行客向けだけでなく、外国人住民が増加していることからも当然対応すべきことではあります。

新潟県が海外からの観光客を増やすに当たっては九州における様々な取り組みを参考にするとよいでしょう。地理的に近いということもあって、以前から韓国や中国からの観光客の受け入れに積極的で、街中の看板の多くはハングルや中国語の併記が目立ちます。また、ＪＲ九州は車内放送では、日本語、英語のほか、やはりハングルや中国語も使っていますが、ＪＲ東日本ではそこまでの取り組みは行っていません。このほか、九州新幹線の部分開業を契機に個性的な列車を数多く走らせています。これらの事例も新潟県で参考にすべきでしょう。

人口減少社会の到来とともに、国内の観光客の大幅増が見込めないだけに、海外からの観光客への期待は大きいものがあります。景気の動向や円高などの影響を直接受けるだけにリスクはありますが、海外からの観光客へおもてなしの心を持って接することが観光産業のみならず、第一章でも触れた多文化共生社会の構築にもつながることでしょう。

第三章　地球温暖化がもたらす影響

○地球温暖化の及ぼす影響

地球温暖化とは、地球表面の大気や海洋の平均気温が長期的に上昇する現象を指すもので、様々な分野への影響が懸念されています。IPCC（国連の気候変動に関する政府間パネル）によれば、一九八〇年から一九九九年までに比べて、二一世紀末（二〇九〇年から二〇九九年）の平均気温の上昇は一・一から六・四度と予測されています。

また、環境省による温暖化影響総合予測プロジェクトチームの研究成果によれば、

・影響量と増加速度は地域ごとに異なり、分野ごとに特に脆弱な地域がある。

・分野ごとの影響の程度と増加速度は異なるが、我が国にも比較的低い気温上昇で大きな影響が表れる。

・近年、温暖化の影響が様々な分野で表れていることを考えると、早急に適正な適応策の計画が必要である。

としています。

具体的には、温暖化による豪雨の増加に伴う洪水期待被害額は年間約一兆円で、積雪水資源量の減少は多い地域で二〇億トン以上、一〇〇年後に九州南部で渇水が増加するなどの影響が出ると考

えられています。また、温暖化によりブナ林の分布適域が大きく減少し、代掻き期の農業用水が不足する可能性や、コメ収量は北日本では増収、西日本では現在とほぼ同じかやや減少する傾向があり、三〇センチの海面上昇によって失われる砂浜の価値は一兆三〇〇〇億円とされています。

さらに、気温上昇に伴い、熱ストレスによる死亡リスクの増加や日最高気温上昇に伴う熱中症患者発生数の急激な増加、デング熱媒介蚊（ネッタイシマカ）の分布可能域が広範囲に拡大するなど様々な悪影響が各分野で生じるものと考えられます。

○　新潟の暮らしはどうなるのか

それでは新潟の暮らしはどのようになるのでしょうか。新潟県地球温暖化防止活動推進センターのホームページによれば、次の五点を指摘しています。

・新潟県に雪が降らなくなる!?

新潟県には雪の恩恵ともいえる、農産品や加工品が多くあります。野菜、米、水産物、日本酒など「新潟といえば食べ物が美味しい」ところで知られています。温暖化がすすみ降雪が少なくなると、食品の他、スキー場などの冬のレジャー産業にも影響がでます。

・信濃川と阿賀野川の水が減る!?

標高一〇〇〇メートルを超える山々から流れ出る、冷たい雪解け水。豊かな農作物と飲用水を新潟県に運んでくれます。平均気温が三℃上昇すると、冬の降雪量が少なくなり、農業用水や安定した飲用水の不足が考えられます。

・平均気温が上がって、熱帯病が発生!?

今後、一〇〇年の間に地表温度は一・四～五・八℃上がるという予測もあります。作物の適地は北上し、農作物への影響が心配されます。また、マラリアなどの熱帯病が発生する危険もあります。

・海面が最大八八㎝も上昇、海岸の砂浜が狭くなる!?

南極や北極の氷河が解けだしています。このまま上昇すると二一世紀末には最大八八㎝上昇すると予想されています。もしも、一メートル上昇すると砂浜の九割が消滅。さらに洪水や高潮が起こりやすくなります。

・夏の猛暑で、熱中症が大激増!?

二〇〇四年夏、記録的な猛暑が日本を襲いました。東京では熱帯夜が連続一九日。気分が悪くなって病院に担ぎ込まれる人も少なくありませんでした。このまま温暖化が続けば県内でも熱帯夜が多くなることが予想されます。高齢者の多い新潟県は特に注意しなければなりません。

このように、地球温暖化は新潟県にも深刻な影響を与えます。それではもう少し具体的にその影響を考えてみましょう。

○ 新潟の第一次産業はどうなるのか

地球温暖化は様々な分野に影響を与えますが、特に直接的な影響を受けるのが第一次産業です。農業分野では、新潟が誇る米作への影響が懸念されています。今後の予測では、九州などでは米作の適地が減少し、いわゆる白濁米の割合が相当程度高まるだろうとされています。一方、北海道や青森県などでは温暖化によって、米作の適地が広がり、米の味もおいしくなるなどして生産地としての優位性が増すことでしょう。

新潟県の場合、地域によってその影響はまちまちでしょうが、雪解け水の減少などによって米の質の低下が懸念されるところです。また、温暖化は米以外の作物にも様々な影響を与えます。それはマイナス面ばかりではなくプラス面もあります。例えば佐渡市南部では以前からみかんの収穫が可能でしたが、これまでは酸味が強く商品価値は低かったようです。しかし、最近では甘くて市場に出荷できるだけのものが生産できるようになっています。

温暖化は水産業にも影響を及ぼします。以前は見られなかったような魚が新潟県沖でも捕られるようになってきました。第一次産業の場合、温暖化は必ずしもマイナス面ばかりではありません。ある程度気温が上がることで収量が増える作物や魚もあるでしょうし、適地となる作物や魚の種類が変わることもあるでしょう。いかに温暖化に適応していくか、その準備を早めに実施することが大切になります。

○　新潟のスキー場はどうなるのか

新潟県内で地球温暖化によって最も影響を受けるのはスキー場ではないでしょうか。上越新幹線の開通などによって、首都圏から日帰りでも手軽に滑ることが可能となり、一九七〇年代から八〇年代は毎年多数のスキー客が新潟県内のスキー場を訪れるようになりました。また、湯沢町は越後湯沢駅があって数多くのスキー場が近くにあることなどから、一万戸を超えるリゾートマンションが建設され、「東京都湯沢町」とまで揶揄《やゆ》されるようになりました。

しかし、バブル経済の崩壊とともにリゾート開発は曲がり角を迎え、レジャーの多様化の中で特に若年層のスキー離れはスキー人口の大幅な減少をもたらし、二〇〇〇年以降、閉鎖されるスキー場が相次ぎました。

このような凋落傾向に温暖化による雪不足が重なると、現在六〇余りある県内のスキー場の半分程度は早晩閉鎖に追い込まれるのではないでしょうか。二〇〇八年度のスキーシーズンでも二月下旬から三月上旬に営業を終了せざるを得ない所が数多くありました。スキー場の閉鎖は雇用面など地域社会への影響も深刻です。

○　温暖化対策をどのように進めるべきか

それでは、地域レベルで温暖化対策をどのように進めるべきでしょうか。すでに新潟県や新潟市などでは温暖化対策計画を策定し、その中で温室効果ガスの削減目標などを定め、具体的な取り組み方策を掲げています。例えば新潟県地球温暖化計画では、二〇〇八年度から二〇一二年度の間の温室効果ガスの排出量を一九九〇年度のレベルからマイナス六%の水準にまで引き下げることとしています。これは二〇〇六年度の排出量に比べると一六%強と大幅な削減を行わなければ達成できない目標となっています。

また、分野ごとの目標を定めていますが、その中でも民生業務部門と家庭部門には多くの課題が見受けられます。省エネや温暖化対策といえば産業部門が最も頑張らなければいけない分野のように思われていますが、実際には事業所ビル、卸・小売店、ホテル、学校、病院などの建物からなる民生業務部門と家庭部門の温室効果ガスの排出量の増加率のほうが高くなっています。

一九九〇年度の実績に比べると二〇〇六年度の実績は運輸部門が一五・五%、産業部門が一九・一%の増にとどまっているのに対して、家庭部門は二六%、民生業務部門は四〇・三%も増加しています。

家庭部門では省エネ機器の普及促進や住宅の省エネルギー化の促進など様々な取り組みが欠かせません。また、新潟県のように車社会の地域でもノーマイカーデーに多くの県民が協力する姿勢が必要不可欠です。身近なところでは白熱電球やレジ袋を極力使用しないことも地球温暖化への有効な対策となります。民生業務部門でも家庭部門同様、省エネルギー対策やカーボンオフセット（県民や事業者が削減できない部分の温室効果ガスの排出量を森林整備などの温暖化防止対策に資金を提供し、その排出量の全部又は一部を埋め合わせる仕組み）の取り組みを推進することも重要です。

もちろん、自治体も公共施設へ太陽光発電施設を積極的に設置するなど主体的な取り組みを行わなければなりませんが、それ以上に住民や事業者が温暖化対策に取り組むよう普及啓発を積極的に進める責務があります。

いずれにしても、国や自治体、産業界だけでなく、住民や個々の事業者が自らの問題として地球温暖化をとらえ、それぞれが取りうる対策を積極的に実施することが求められます。

さらに、地球温暖化への対応は経済活動に対して様々な制約を与えうることを我々一人一人がしっかりと認識しておかなければいけません。観光振興によって多くの人が訪れることは県内の温室効果ガスの排出量を増やすことにつながります。だからといって観光客の誘致をやめるということにはならないでしょう。いかにしてこれらの政策課題の解決を両立させていくか、様々な工夫が必要になるでしょう。

第四章　災害に強い地域づくり

○　度重なる災害に見舞われた新潟

二〇〇四年には七・一三水害と新潟県中越地震、二〇〇七年には新潟県中越沖地震と、新潟県内は大きな災害に立て続けに襲われました。

二〇〇四年七月一二日夜から一三日にかけて、日本海から東北南部に停滞する梅雨前線の活動が活発化し、新潟・福島の両県で豪雨となりました。特に、一三日朝から昼すぎにかけて、新潟県の長岡地域、三条地域を中心に非常に激しい雨が降り、同日の日降水量は、新潟県栃尾市（現長岡市）で四二一ミリ、三条市で二一六ミリに達するなど、この地域一帯でこれまでの最大日降水量の記録を上回りました。この結果、新潟県の信濃川水系の五十嵐川、刈谷田川などで堤防が決壊し、多くの人的、物的被害が生じ、新潟県内の死者は一五人、負傷者は三人、住家の被害は全壊が七〇棟、半壊が五三五四棟、床上浸水が二一四一棟、床下浸水が六二〇八棟となりました。

また、同年一〇月二三日午後五時五六分、新潟県中越地方はマグニチュード六・八の大地震に襲われ、川口町では震度七、小千谷市や長岡市では震度六強を記録しました。旧山古志村は道路網が寸断されて完全に孤立し、また、走行中の上越新幹線が脱線するなど各地に大きな被害をもたらしました。避難指示を受けたのは全村避難を行った旧山古志村の二一六七人を含む三二三一人、避難勧告を受けたのが六万一六六四人、自主避難も含めた避難者の数は一時一〇万人を超えるなど、被害は新潟県中越地方全域に及びました。新潟県中越地震の被害状況については、死者六八人、重軽傷者四八〇五人、住宅被害は一二万二五五八棟で、全壊は三一七五棟、半壊は一万三八一〇棟、一部損壊は一〇万五五七三棟と近年の地震被害では阪神・淡路大震災に次ぐ大きな被害がもたらされました。また、応急仮設住宅は全部で三四六〇戸設置されました。

二〇〇七年七月一六日には、新潟県上中越地方を再びマグニチュード六・八の大地震が襲いました。柏崎市、刈羽村、長岡市では震度六強を記録し、柏崎市の中心部では多くの家屋が倒壊し、被害は新潟県内だけで死者一五人、重軽傷者二三一六人、全壊一三三一棟、半壊五七〇四棟、一部損壊は三万六二〇九棟に達しました。死者のうち、約四分の三の一一人は七〇歳以上の高齢者で占められていました。

○　地震はもう起きないか？

このようにわずか四年間に二度の大地震と水害を経験したわけですが、それでは、当分大きな地震はないと考えてもいいのでしょうか。実際は残念ながら楽観視もしていられないようです。国の地震調査研究推進本部は、二〇〇九年に「全国地震動予測地図」を作成していますが、それによると、県庁所在都市ごとで今後三〇年以内に震度六弱以上の地震に襲われる可能性についても言及しています。これによれば、東海地震が懸念されている静岡市が八九・五％と最も高く、全体的に太平洋岸の都市が軒並み高くなっています。新潟市については七・六%と日本海側では福井市と秋田市に次いでいます。つまり、富山市や金沢市、山形市などよりも地震の危険性は依然として高いのです。新潟県全体では、「越後山脈などの山地や丘陵に比べると、日本海沿岸の平野（越後平野、高田平野、国中平野など）や山間の盆地、河川沿いでは、地盤増幅率が高く、確率・震度ともに大きくなります。」とされています。予測地図を見れば明らかなように人口が多く集中している地域ほど確率の高い赤い色で塗られています。このように、二度大きな地震に襲われたからといって当分大地震はないだろうと考えてはいけないということが科学的に明らかにされています。

○ 温暖化・都市化と水害

災害の危険性が高まっているのは、なにも地震に限ったことではありません。新潟県のように多くの河川が流れているところでは、地球温暖化が水害の危険性を高めているのです。前章でも触れたように、温暖化によって平均気温が高くなるだけでなく、気象の変動が激しくなり、いわゆるゲリラ豪雨という短時間に局地的に多くの雨が降る可能性が高くなっています。実際、一時間に一〇〇ミリを超えるような局地的な大雨によって各地で浸水被害が発生しています。二〇〇八年にも七月から八月にかけての大雨で、金沢市や神戸市、岡崎市などが大きな被害を受けました。

これまで河川の堤防は、過去の災害のデータなどから一〇〇年や一五〇年などの間に一度の確率で降るような大雨を想定して整備が進められていますが、地球温暖化はこのような想定を変えてしまうことになりかねません。つまり、これまで一〇〇年に一度の大雨といわれてきた規模のものが三〇から四〇年に一度は起こることが考えられます。結果として治水施設の安全度の低下につながるのです。また、特に都市部では、都市化に伴い宅地開発や道路の舗装によって保水力が低下し、少しの降雨でも浸水被害が生じる危険性も高まっています。

○　自助・公助・共助の連携

今後、新潟県内でも地震や風水害などに見舞われる危険性は少なからずあるわけですが、いざというとき、我々はどのように行動すればいいのでしょうか。災害への対応として、自助、公助、共助という言葉がよく使われます。これらの言葉については、様々な定義が可能ですが、例えば三条市の資料によれば、

「自助」：「自らの身の安全は自ら守る」という考え方に立って市民ひとりひとりが自らの生命・財産を守るための防災・災害対応活動をいう。組織等はその組織等を守るための活動を含む。

「共助」：地域全体（隣人同士、自治組織、民間組織等）で行う防災・災害対応活動をいう。水防監視員、消防団といった平常時においては基本的に、他の職務に従事している組織・構成員を含む。

「公助」：行政が行う防災・災害対応活動をいう。

とされています。

大きな災害が発生した直後は特に行政が行う公助だけでは限界があります。まずは、自分の身は

自分で守るという自助が中心となりますが、高齢者や障がい者などの災害時要援護者については、自助だけでは限界があります。七・一三水害でも逃げ遅れた人の多くは高齢者でした。発災時に一番重要なのが避難誘導活動です。これを地域の人たちが担うことのできるよう、日ごろからの訓練や準備が必要となります。この意味からも自治会や隣近所同士など、共助の取り組みがとても大切になります。

しかし、七・一三水害や新潟県中越地震では共助の活動に関して様々な課題もみられました。関係自治体の担当者にヒアリングしたところ、

・行政が災害発生時に避難誘導に関してできることは必ずしも多くはないので、自助や共助の活動に期待するところが大きく、特に要援護者の避難誘導が最大の課題である。

・民生委員や社会福祉協議会、介護施設といった福祉関係の人材の果たすべき役割がとても大きかった。

・自主防災組織がしっかりしているところとそうではないところでは避難誘導の円滑さが全く違っていた。

・要援護者の絞り込み（真に援護を必要とする者だけにすること）やその情報をいかにして地域で共有することができるかが課題で、個人情報保護法をいかにクリアするかについても同様である。

・自治会・町内会に対しては、これらの団体の共助に対する活動への期待は依然として高いが、

地方部ですら、その機能の低下は著しくなっている。
・退職後、居場所のない人の力を共助に生かせる仕組みや、行政関係者のＯＢを活用するなど、地域の防災リーダーの養成が急務である。
・公助の範囲（行政がどこまで対応するか）がはっきりしていないと、住民も遠慮してしまって共助や自助の活動がおろそかになりがちである。
などの指摘がありました。

いずれにしても、災害時には自助や公助だけでは地域を守ることはできません。共助の活動が機能するよう、日頃から積極的に取り組みを行うことが必要不可欠となっています。

○　耐震補強の勧め

新潟県中越地震では大きな被害を受けましたが、ほぼ同じ地震規模の阪神・淡路大震災に比べると被害ははるかに少なく済んでいます。これは都市部と地方部の違いによるものなのでしょうか。もちろん、そのような側面も否定できませんが、東京大学の目黒公郎教授は、『間違いだらけの地震対策』（旬報社）の中でその理由を以下のように述べています。

①　豪雪地帯のため、重い雪に耐えられるよう柱も梁も太い家が多かった
②　積雪や地盤の凍結を想定し、大きく強固な基礎の家が多かった
③　防寒のため、窓などの開口面が小さく、結果的に壁量の多い家が多かった

④　雪下ろしのため、雪の滑りやすいスレートやトタンを材料とする軽い屋根の家が多かった

このように、雪国仕様の住宅が結果として地震に対しても強かったのです。実際倒壊した建物の多くは老朽化が進んでいたり、一階が店舗や車庫などで開口部が広いものでした。この点は新潟県中越沖地震も同様で、特に一九八一年の建築基準法改正以前の旧耐震基準時に建てられた建物は要注意です。

耐震補強費の目安は一平方メートル当たり一万五〇〇〇円ほどといわれています。一〇〇平方メートルだと一五〇万円ほどで済みます。耐震補強に関しては新潟県や市町村の助成措置がありますが、十分に活用されているとは言い難い状況にあります。これは自己負担がかかることや、自分のところは大丈夫という意識が強いのかもしれませんが、車一台分の値段で命の安全が保証されるとなれば決して高い買い物ではないでしょう。特に高齢者だけで暮らしている住宅の場合、老朽化しているものの割合が高くなっていますが、都会などで暮らしている高齢者の子供たちは、親孝行の意味からもこの程度の補強をしてあげる責務があるのではないでしょうか。

○　災い転じて福となす取り組みを

このように、新潟県では度重なる災害の中で多くのことを学び、また、教訓としてきました。これらのことは他の自治体にとっても大いに参考になることが多く、災害後、一定期間を経過すると全国各地から行政視察が訪れています。

また、災害時に応援に来たことなどを契機に自治体間での交流も深まりつつあります。このような動きを一歩進めて、長岡市や柏崎市、三条市など災害で大きな被害を受けた地域を訪れてもらい、災害時の教訓を学び、更には新潟県の豊かな自然や食、人情に触れてもらう防災ツアーというのを企画してはどうでしょうか。

私はたまたま、二〇〇六年九月、機会を得てセルビアの首都サラエボを訪問しました。ここでは一九九九年のＮＡＴＯ軍空爆によって崩壊したビルを解体せずにそのまま保存しています。これには政治的な意味合いも少なからず含まれているのでしょうが、このビル自体が一つの観光スポットになっています。観光というものはそもそも非日常を体験することがその主眼の一つであることから考えれば、非日常の部分を積極的に残していくというのはある意味当然のことかもしれません。そのことは災害についても当てはまるのではないでしょうか。

これまで述べてきたように、災害時には行政だけでなく地域の力が不可欠です。新潟県の災害の現場を訪れ、当時苦労した人の話を聞いたりすることで防災に対する意識が高まることが期待できます。自治会単位とか、自治会長のグループ、小中学校、あるいはＮＰＯなど各種団体を対象に学びの旅をしてもらうのです。最近では国内外で環境や自然について親しみ学ぶ、エコツアーも人気を博していますからそれなりのニーズは期待できます。

このような企画を行うに当たってはあまり旅行会社が前面に出てしまうと被災者の方の感情を逆なでしてしまうことにもなりかねませんから、公的な組織が中心となるのがよいでしょう。例えば、関係機関の協働により、諸災害の研究を進めるとともにその成果や教訓を社会に生かし、安全・安心な地域づくりや防災安全技術・産業の振興に資することを目的として設立された社団法人中越防災安全推進機構などが主体として実施するのが望ましいのではないでしょうか。

いずれにしても災害復興に関しては、災い転じて福となすといった、ある意味したたかさも必要だと思います。国内外の人々の防災意識を高める拠点としてまちづくりを進めるといった発想が中越地方にもっとあってもいいのではないでしょうか。

第五章　二〇一四年問題

○　二〇一四年問題とは？

二〇一四年問題という言葉を聞いたことがありますか？　おそらくこの言葉は行政や経済関係者では知られていても、一般の人にはまだまだなじみの少ないものではないでしょうか。二〇一四年問題とは、二〇一四年度末に北陸新幹線が開業した後に予想される観光や経済などの問題のことをいいます。現在、東京方面と上越地方や富山、金沢方面との間を鉄道で移動するには、上越新幹線ときと特急はくたかを越後湯沢駅で乗り継ぐのが最短経路です。これが、長野―金沢間の北陸新幹線が開業した後、これらの利用客の大部分が北陸新幹線に流れてしまうことが考えられます。このことは、上越新幹線にも様々な影響を与えることが考えられます。

新潟県のホームページによれば、

「北陸新幹線の延伸は、対応を誤った場合、上越地域におけるストロー効果の発生、上越新幹線の運行本数が減少された場合の利便性低下、それに伴う地域経済への影響など、マイナス面での懸念が持たれています。また、並行在来線や北越急行の経営問題など北陸新幹線が延伸するまでに対応しなければならない課題もあります。一方で、北陸新幹線により首都圏や北陸方面とのアクセスが飛躍的に向上する上越地域は、その拠点性を向上させ、企業進出、観光振興、産業振興など大きく発展する可能性、つまりプラス面を有しています。」とプラス面、マイナス面の両面があると指摘しています。

○　上越新幹線がミニ新幹線に？

それでは、具体的にはどのような影響があるのでしょうか。東京駅から上越新幹線に乗ると、越後湯沢駅までは満席状態でも、越後湯沢駅で大半の乗客が下車し、そこから先はガラガラということも少なからずあります。現在一日約六五〇〇人が越後湯沢駅で乗り換えて、富山、金沢方面に向かっていますが、これらの人が北陸新幹線高崎—長野ルートを使うようになると、上越新幹線の需要が相対的に低くなり、最悪の場合、運行が新潟—高崎間に限定される枝線化ということも考えられます。こうなると新潟への観光客やビジネス客は、高崎駅で新幹線を降りて乗り換えなければいけなくなります。

あるいは、山形新幹線や秋田新幹線のように東京—高崎間は北陸新幹線に上越新幹線を連結し、高崎駅で切り離すという方法も考えられます。もちろん、今まで通り、東京—新潟間を単独で運行するということもあり得るでしょうが、これまでよりは運行本数は減ってしまうかもしれません。そうすると現在でも東京—新潟間の新幹線は、昼間の時間帯では一時間に一本しかありませんが、これがもっと間隔が空くことになるかもしれません。仮にミニ新幹線と同じような方法であれば、これまで通りの運行本数を維持することも可能でしょうが、現時点ではまだ決まっていません。

○　ほくほく線はどうなるのか？

二〇一四年問題で影響を受けるのは新幹線だけではありません。在来線については、その存続すら脅かされることになります。現在、富山、金沢方面へは、第三セクターの北越急行株式会社が運営するほくほく線（六日町—犀潟間）を経由して特急はくたかが運行されていますが、北陸新幹線の開業後は、特急を運行させる必要がほとんどなくなってしまうでしょう。一方、北越急行はこの特急の利用客からの料金が収入の多くを占めています。二〇一四年問題によって、北越急行の経営が悪化し、ひいては十日町市や上越市の地域の貴重な交通機関となっているほくほく線の存続すら危うくなってしまうことも考えられます。

北陸新幹線に並行して運行している信越本線直江津—長野区間や北陸本線についても同様の問題を抱えています。これまで新たに新幹線が開業した区間では、盛岡—八戸間、軽井沢—篠ノ井間、八代—川内間がＪＲの経営から分離され、地元自治体などの出資によって設立された第三セクターによって運行されています。信越本線や北陸本線でも同様の動きになると思われますが、現行でもこれらの路線の乗客数は多くなく、第三セクターに移管された後の経営には先行事例同様、様々な困難が待ち受けていることでしょう。このほか、新潟市と上越方面を結ぶ特急北越や快速くびき野についても便数の減少などの影響を受けることが考えられます。

○ 懸念される新潟経済への影響

二〇一四年問題は単に交通だけの問題ではありません。本州日本海側唯一の政令指定都市である新潟市にとってはその拠点性が地盤沈下しかねない大きな問題です。新潟市は二〇〇七年四月に浜松市とともに全国一六番目の政令指定都市となりました。政令指定都市となったことによって、一般国道の管理や公立学校教員の人事、児童相談所の運営など多くの権限が新潟県から新潟市に移譲されるとともに、都市としてのイメージも高まりました。

しかし、新潟市の拠点性については、日本政策投資銀行のリポート「データからみる政令指定都市「新潟」―札幌・仙台・広島・福岡・静岡・金沢との比較―」（二〇〇七年二月）でも、幾つか課題を指摘しています。経済面では、

「・就業状況は、現在は比較的恵まれているが、公共事業の削減傾向等が続く中、中長期的には厳しいものと思われる。特に、建設への依存度が高い地域においては留意が必要である。
・一次産業、製造業（食料、紙パ、金属、化学ほか）に強みを持つ半面、卸売・小売、サービスが弱い。他都市で盛んな飲料、印刷の集積も低い。
・小売業は、比較的小規模なところが多く、難しい舵取りを求められている。
・一般食品等の卸売機能（コーディネート機能）が弱い。」

とサービス産業の弱点が明らかにされています。

新潟駅から萬代橋を越えて古町方面へ向かう柾谷小路の両側には多くのオフィスビルが立ち並ん

でいますが、ここ数年、白い立て看板が目立つようになったのに気が付いたのは私だけではないでしょう。これらのオフィスビルには東京の大手資本などの企業の支店や営業所などが数多く入居していますが、支店や営業所を廃止するところが見受けられます。その結果、以前は企業名が書かれていたビルの横についた立て看板のところの名前が消えたので白くなっているのです。実際、オフィスの空室率は他の大都市に比べても高いようです。

これは経営の合理化だけの理由でなく、IT技術の発達などによってわざわざ支店などを置かなくてもよいと企業が判断したからなのでしょう。だからといって、営業活動を新潟県内で行っていないわけではありません。以前、平日にレンタカーを借りようとして、直前だったこともあって満車だったことがあります。理由を聞いてみると、営業のために月曜日に借りて金曜日に返すケースが多く、週末であれば直前に申し込んでも借りられるとのことでした。

すなわち、支店や営業所は廃止したものの、アフターサービスや営業活動のため、新幹線で月曜日の朝に東京方面から新潟を出張で訪れるビジネスマンが少なからずいるのです。レンタカーを借りて業務を行い、連絡については携帯やインターネットを使い、市内のホテルなどに滞在して業務を行うという形態が増えているようです。このこともあってか、新潟駅から古町にかけて、ビジネスマン向けのホテルがこの二、三年、相次いでオープンしています。

このように、二〇一四年問題が表面化する以前から、新潟市の経済面での拠点性は揺らいでいるのです。これが北陸新幹線の開通によって北陸エリアなどをカバーする支店などが撤退すれば、その影響はさらに大きなものになるでしょう。

○　北陸新幹線延伸のプラス面

北陸新幹線の延伸の影響はマイナス面ばかりではありません。新幹線の駅ができる上越市や糸魚川市などの上越地方にとっては、延伸によって東京方面に乗り換えなしで行けるだけでなく、観光などの経済効果も期待されます。例えば、東北新幹線の延伸によって、八戸市には多くの観光客が訪れるようになりました。温泉やスキー場を数多く抱える妙高市は、首都圏と直結することで多くの観光客が訪れることが期待されます。このことは上越市や糸魚川市でも同様です。観光については長野市や飯山市、黒部市など県外の地域との広域的な取り組みも重要になってきます。このほか、北陸新幹線の延伸によって上越地方への企業誘致が進むことも期待されます。

しかし、ただ待っていただけではプラス面を生かすことはできません。八戸市の場合、現時点では新幹線の終点となっていますが、北陸新幹線はさらに富山、金沢方面までつながっていて、上越地域が単なる通過地域になってしまうのではという危惧もあります。

○　上越新幹線の乗客数を増加させるためには

新潟県などの地元自治体も手をこまねいているわけではありません。沿線自治体や商工会議所は上越新幹線活性化同盟会を結成し、様々な取り組みを行っています。現在新潟駅では在来線を高架にする連続立体交差事業が進められています。これによって羽越本線と上越新幹線が同じホームで乗り換えられることができるようになります。九州の新八代駅で九州新幹線のつばめと在来線特急のリレーつばめが同一ホームで乗り換えができるようになっていますが、新潟でも同じスタイルがとられることになります。北陸新幹線開通の前年の二〇一三年頃には乗り換えが可能になる見込みで、県内の村上方面はもとより、山形県の庄内地方や秋田県南部地方は新幹線から特急いなほへの乗り換えが楽になり、また、所要時間も短縮されることから乗客数の増加も見込めます。羽越本線の線路のカーブや車体を改良するなどしてスピードアップを図る高速化事業を行うことで東京―酒田間で最大二〇分程度の時間短縮も可能になります。

このほか、新潟駅と新潟空港のアクセスを改善するのも一方策です。二〇〇九年から新潟駅南口から空港行きのバスが運行されるようになり、以前より定時性が増すようになりました。

しかしながら、これらの対策がどの程度効果があるかは未知数です。例えば特急いなほは通常期は一日七往復しか走っていません。庄内地方の人口を考えると利便性が高まったからといって、いなほの本数が大幅に増えるほどの需要増につながるとは残念ながら思えません。

○　ＪＲ九州の取り組みを参考に

二〇一四年問題に関して、観光客の誘致といった観点からは先にも触れたようにＪＲ九州の取り組みが参考になるのではないでしょうか。二〇一〇年度末までの九州新幹線の全線開通を念頭に、

写真２　特急はやとの風号の車内

その周辺路線で様々な個性的な列車を走らせ、観光客の増加につながっています。例えば終着駅の鹿児島中央駅から日豊本線、肥薩線を結ぶ特急はやとの風号（写真２）は九州新幹線の部分開業に合わせて運行が開始された観光列車です。車内は九州新幹線同様、木や竹をふんだんに使った和の趣を持つお洒落な内装で、平日でも多くの観光客で賑わっています。また、沿線の歴史の古い駅などには数分間停車するなど観光客への配慮がうかがえます。特に嘉例川駅の百年の旅物語「かれい川」はＪＲ九州の駅弁ランキングで二年連続一位を獲得した人気の駅弁で、竹皮製のお弁当箱の中に「ガネ」といわれるさつま芋入りの天ぷらやコロッケ、椎茸と筍の載った味ご飯が詰められている素朴で懐かしい味わいのものです。予約しないとまず買えないという人気も手伝い、これを食べるために特急に乗る人もいるようです。

また、はやとの風号と接続し、日本三大車窓の一つといわれている肥薩線の人吉―吉松間だけを走る普通列車「しんぺい」と「いさぶろう」も人気列車です。このほか、特急ゆふいんの森や九州横断特急など、車体のデザインや色に個性のある列車が数多く九州を駆け抜けています。

一方、JR東日本は磐越西線にSLばんえつ物語号、羽越本線に快速きらきらうえつなどを走らせていますが、JR九州の取り組みに比べるとまだまだといった感は否めません。例えば磐越西線の新津―喜多方間は阿賀野川沿いの絶景が望めるだけに、しんぺいやいさぶろう号のようにこの区間をのんびり走る鈍行列車を企画するのはどうでしょう。米坂線でも荒川沿いを走る企画列車は十分観光客を集めることは可能でしょうし、同様のことは只見線や第三セクター化される予定の信越本線直江津―長野間でも検討の余地はあるでしょう。

このような観光列車自体の集客数は必ずしも多くはありませんが、やり方によっては様々な波及効果も期待できます。その際、新潟らしいおもてなしで観光客に喜んでもらうことができるような工夫が必要となるでしょう。

○　新潟の地盤沈下を防ぐためには

それでは、二〇一四年問題から生じかねない新潟の地盤沈下、特に経済面での課題を解決する方策はあるのでしょうか。これまで見てきた限りでは、そのような特効薬はどうも見当たらないのではないでしょうか。北陸新幹線の開通によって、金沢、富山方面は首都圏と直結されて人の流れは大きく変わり、観光だけでなく経済活動の面でも新潟の地位は低下しかねないでしょう。その意味では、自然の流れと言えなくもないのかもしれません。

しかし、中長期の地域ビジョンを考えた場合、中国やロシア、朝鮮半島との経済交流の拠点としての潜在力を秘めている新潟の地盤沈下は、新潟だけでなく日本全体にとってもマイナス面は少なからずあります。北陸新幹線の開通は金沢の地位を相対的に押し上げますが、新潟に比べると小松空港も遠く、しかも自衛隊との併用で制約も大きく、また、港湾に関しても新潟港に比べると金沢新港の機能は劣っています。環日本海交流の中心になるのは新潟を置いて他にはあり得ないでしょう。その意味からも新潟の都市としての魅力を高めることは不可欠です。魅力的な都市は古今東西を問わず人を惹きつけます。

経済的に発展している都市にはビジネスや買い物を目的として多くの人が訪れます。歴史や文化の特色を持つ都市には観光を目的として多くの人が訪れます。そして魅力的な都市の多くは街の顔ともいうべきものがあります。特にハード面では駅舎や駅周辺の街並みがその都市のイメージとなることも少なくありません。すでに金沢駅では、新幹線開業に先行した駅前の顔づくりが行われています。その意味では、新潟駅の連続立体交差事業に合わせた新潟らしい街づくりを進めていくことが新潟の地盤沈下を防ぐために重要な鍵を握っていると言えるでしょう。

第六章　道州制議論の行方

○道州制とは

道州制とは、一二〇年以上続いた現行の都道府県を廃止・統合して大くくりの道や州に再編するという構想です。市町村数も一八〇〇を切り、次はいよいよ都道府県改革というムードが高まりつつあります。道州制は単なる都道府県合併とは異なります。地方分権改革が進展し、地方でできることは極力地方に委ねるという基本原則のもと、国の出先機関の機能の多くを移譲される道州は、内政の要として、地域の経済政策やインフラ整備、環境や雇用政策などで独自のカラーを打ち出すことが期待されます。

道州制が導入されれば、現行の都道府県は廃止されることになります。諸外国の中には州―広域自治体―基礎自治体と三層制の構造をとるところもありますが、現在の道州制の議論では基本的には二層制の構造としていますので、導入されれば新潟県も廃止されることになるでしょう。

戦前は国の出先機関化していた都道府県も、戦後自治体化しました。一九五七年には、第四次地方制度調査会は、都道府県を廃止して全国を七から九つの「地方」に再編し、内閣総理大臣が任命する地方長が置かれるという国と地方公共団体の中間的な団体と位置付けた「地方」案を答申しましたが、賛否が拮抗《きっこう》し結局は法案化されることはありませんでした。

その後は、東海地区や関西地区などで都道府県合併の具体的な動きが表面化しましたが、これも実現には至りませんでした。その一方で、経済界からはこれまで道州制の提言が数多く行われています。

○ 加速する道州制の議論

二〇〇六年には第二八次地方制度調査会の答申も出され、同年九月には道州制担当大臣のポストが設置されるなど、道州制導入に向けた国の動きは活発になってきました。また、日本経団連が二〇〇八年に「道州制の導入に向けた第二次提言」を公表し、自由民主党も「道州制に関する第三次中間報告」を発表し、内閣府のビジョン懇談会では道州制基本法案の議論が行われるなど、霞が関や永田町界隈では道州制導入の議論が熱を帯びてきています。しかし、その一方で、国民的な議論の盛り上がりに欠け、実現に向けては様々な困難も予想されています。

第二八次地方制度調査会の答申では、①地方分権の推進及び地方自治の充実強化、②自立的で活力ある圏域の実現、③国と地方を通じた効率的な行政システムの構築―の三つの方向性が示されています。また、道州制ビジョン懇談会の中間報告では、①政治や行政が身近になり受益と負担の関係の明確化、②東京一極集中是正により多様性のある国土と生活の構築、③重複行政の解消などによる行財政改革の実現、④道州の地域経営による広域経済文化圏の確立、⑤国家戦略や危機管理に強い中央政府の確立―などが導入のメリットとして挙げられています。

このように、道州制が導入されることで様々な効果が期待されます。地方分権改革が推進される中で、広域自治体の再構築はもはや不可避のものとなっていると言えるでしょう。

○道州制導入で大きく変わる国と地方の関係

道州制は、国家統治のあり方そのものの大変革です。道州制の導入によって地方支分部局の業務を大幅に道州に移譲してスリム化した国は、グローバル化が進展する中で、外交に総力戦を注ぎ込むことこそがその本務となります。国際環境が激しく変化する中で国の役割を重点化し、内政に関することは基本的には道州と市町村に任せ、真の意味での分権型社会を構築することが道州制導入の目的です。内政の要となる道州は、住民に身近なサービスを市町村に委ねつつ、高度なインフラ整備や経済産業振興、国土・環境保全、広域防災対策などに的確に対応することが可能となります。特に、人口減少社会の中で地域の活力を維持・向上させる観点から、自立的で活力ある圏域の実現に資することが期待されます。

しかしながら、道州制実現に向けては課題も多いのも事実です。そもそも改革とは現状を大きく変えるものですから、必ず現状維持を望む勢力から抵抗を受けるのも必然ではあります。中央省庁は「総論賛成、各論反対」で自らの既得権益を守るために政治家や関係団体などを総動員することも考えられます。霞が関の人間の多くは、内政における国の権限の大宗を道州に移譲されることで、自らの役割が縮小するという危惧を抱くでしょうが、むしろ本来国家として担うべきことに重点的に取り組むことができると前向きに考えるべきではないでしょうか。また、いわゆる国の出先機関に関しては、必ずしも国会のチェックが十分機能せず、都道府県との二重行政となっている部分が多いとも指摘されています。社会保険庁や農政事務所などの不祥事を見ると問題があるのは明らかです。道州に移管されることで、議会や住民からのチェックもかかりやすくなるというメリットをもっと強調すべきでしょう。

○ 市町村合併が進展した新潟県

平成の市町村合併の波は新潟県にも押し寄せました。地方分権改革の受け皿として、従来の市町村の規模では十分ではないという認識のもと、全国各地で市町村合併が進展しました。特に、三位一体の改革以降、自治体の財政環境が厳しさを増し、合併によって財政危機を乗り切ろうという動きが本格化しました。

一九九九年に一一二あった新潟県内の市町村も、二〇〇一年の新潟市と黒埼町との合併を皮切りに各地で大合併が推し進められました。新潟市は三度の合併によって一五市町村が一つとなり、本州の日本海側で最初の政令指定都市となりました。佐渡の一〇あった市町村も一つとなって二〇〇四年に佐渡市が、翌年には、上越市と一三町村が合併して新しい上越市が誕生しました。このほか、新潟県中越地震で大きな被害を受けた旧山古志村など八つの市町村は長岡市に編入されました。

新潟県の合併の特徴は五つ以上の市町村が合併するという大掛かりなものが七つもあったということで、その中でも一〇以上が三つもあります。このような大型の合併が数多く行われている都道府県は他にはありません。この結果、二〇〇九年四月現在では新潟県の市町村は三一にまで減少しました。減少率は約七割で、減った市町村数は八一、これは全国最多です。今後は長岡市と川口町の合併も考えられます。これが実現すると新潟県内の市町村数は三〇となります。市町村合併の進展は都道府県の役割をあらためて見直す契機となるでしょう。

○　新潟県と区割り

道州制の議論の中で、一般の関心が最も高いのが区割りの問題です。第二八次地方制度調査会の答申では三つの区域例が示されていますが、新潟県に関しては二パターンに分かれています。一つは北陸として富山県、石川県及び福井県と一緒になる例で、もう一つは北関東信越として茨城県、栃木県、群馬県及び長野県と一緒になる例です（図2）。一方、自由民主党の道州制に関する第三次中間報告では四つの案が示されていて、新潟県は三つのパターンに分けられています。一つは北関東として、茨城県、栃木県及び群馬県と一緒になる案、二つ目は東北六県と一緒になる案、三つ目は北関東に埼玉県を加えた案です。

これらからも明らかなように、道州制の区割りに関しては、新潟県は他県に比べてその帰属が難しいところの一つです。区割りについては国と道州、市町村の役割分担や財源、統治機構のあり方などが固まってから最後に決めるべきものであるという考え方がある一方で、ある程度区割りの案を示すことで議論が進むという考え方もあります。内閣府の道州制ビジョン懇談会の区割り基本方針検討専門委員会では、

①経済的・財政的自立可能な規模
②住民が帰属意識をもてる地理的一体性
③歴史・文化・風土の共通性
④生活や経済面での交流

などの条件を考慮して基本方針を決めるべきだとしています。

今後、ビジョン懇談会などで区割りの基本方針に関する議論が進められますが、この四つの条件を新潟県に当てはめてみると、答えを出すのは容易ではないということに多くの人が気付くでしょう。現行の国の出先機関の区域では、信越や北陸、関東など様々なパターンに分かれています

図２　道州制の区割り例

が、北関東あるいは北関東信越といったブロック分けはありません。一方、経済団体では東北六県とともに東北経済連合会に所属しています。

また、北陸新幹線の延伸によって、上越地域は長野県や富山県、石川県とのつながりが増すことを考慮すれば、現行の都道府県の区域を大前提として道州の区割りを議論することには限界があるのかもしれません。

○道州制議論の行方

これまでも、何度となく都道府県改革の議論が繰り広げられてきました。しかし、これらは経済界、政界、中央省庁や地方自治体の関係者、そして有識者の間での議論にとどまっていたのもまた事実です。その意味では常に住民不在の議論であったと言えるでしょう。

これまで経済団体が中心となって構成されている道州制協議会が各地域で意見交換会を行うなど、国民的な議論に向けた取り組みが行われています。私も道州制ビジョン懇談会の区割り基本方針検討専門委員会の委員として二〇〇九年一月、鳩山総務大臣による国民対話の司会を務めましたが、その際、参加者からは、「国がばらばらにならないか」、「地域間競争の激化によって地域の格差がかえって広がるのでは」といった道州制導入に対する懸念の声が幾つも出されました。

おそらくは、道州制ビジョン懇談会の中間報告で、国の役割を限定し、「地域主権」型を目指すという文言などから、道州制導入によって、国がやるべきことを放り投げて地方に押し付けてしまうのではないかという危惧を持った人が少なからずいるのではないでしょうか。また、国民生活全般に関する安全・安心が大きな関心事となっている中で、道州制を導入し、国の統治機構のあり方を根本的に見直すことが国民の不安を解消するための大改革であるということを分かりやすく訴えかけていかない限り、国民の理解を得ることは困難ということではないでしょうか。国民の関心は道州制の導入という統治機構のあり方といった大きなテーマよりは、年金、医療、介護、食の安全、更には新型インフルエンザなど日常生活に直接関係のあるものに向かいがちです。これはある意味当然といえば当然のことではあります。

行政の効率性や公務員の削減といった行政改革の成果だけを披露しても国民の不安は払しょくされないのではないでしょうか。道州制を導入することで、国民の最大関心事の解決に資するという具体的かつ詳細なシナリオを描くことこそが、国民の理解を得る近道となるでしょう。

このほか、新聞社や放送局、さらには各種団体が都道府県を単位として組織化されている現状を考えれば、道州制の議論はこれらの団体に対しても再編などの様々な影響を及ぼすことは必定です。

いずれにしても、道州制が日の目を見るのか、あるいはお蔵入りになるかは政治的なリーダーシップ、なかんずく首相の力量が問われることとなるでしょう。

第七章　新潟のブランド力

○ 地域もブランド力を競う時代に

都市や都道府県のブランド力がシンクタンクなどによってランキングされ、また、商標法が改正され、地域団体登録商標の制度の創設とともに地域名を織り込んだ特産品の価値が高まるなど、今や地域も企業のようにブランド力を競う時代になってきました。以前から自治体レベルでも地域のイメージアップや企業のようなＣＩ（コーポレートアイデンティティ）を図るところはありましたが、最近ではこれまで以上に多くの自治体が取り組むようになっています。

このような現象は日本だけでなく、欧米などでも見られるものです。ヨーロッパでは毎年欧州文化首都として幾つかの都市を選び、一年間を通して様々な芸術文化に関する行事を開催し、相互理解を深めることとしています。文化首都に選ばれることで都市のブランド力が高まり、観光振興や企業誘致などが進めやすくなると考えられています。

○ 新潟の強み～コシヒカリブランド～

それでは、新潟のブランド力の象徴は何でしょうか。様々な調査を見ると、魚沼産コシヒカリなど新潟米のブランド力は依然として他の地域の米を圧倒しているようですし、日本酒に関しても同様です。このほか、新潟（黒埼）茶豆も最近では首都圏で知名度が上がっています。お米とお酒に関しては日本一のブランド力があるといっても過言ではないでしょう。依然として越後三白の力は強いとも言えるでしょう。その一方で、新潟産のコシヒカリ、特に魚沼産のコシヒカリが生産量をオーバーして流通し、その偽装が問題になることも何度か起きています。このようなことは、昨今多発した食に関する偽装事件を見れば分かるように、せっかくの新潟のブランド力に水を差しかねません。

○ 新潟の弱み～情報発信力の欠如～

それでは、新潟のブランド力に関する弱点は何でしょうか。私は研修の講師などで全国各地を訪れ、様々な方と地域が抱える課題について意見交換を行っていますが、他の地域に比べて新潟は総じて現状に満足している人の割合が高いように感じます。別の言い方をすれば、自分の住んでいる地域を愛する人の割合が高いといいますか、「I Love 新潟」の意識が他よりも強いのではないでしょうか。これは何人かの県外出身の学生が口を揃えて話していたことですが、新潟県内出身の学生に、「ここの店はとてもおいしいから」と勧められて入った店の食べ物の味は、実際にはごく普通でそこまで強調するほどのものではなくてがっかりしたとのことでした。

自分の住んでいる地域を愛することはとても素晴らしいことですが、時に、「Love is blind」になっている可能性も否定はできません。すなわち、自分の住んでいる地域やそこでとれるブランドについて自信（過信）を持っているがために、より良くしようというインセンティブがあまり働いていないように感じられるのは私だけでしょうか。極論すれば、コシヒカリのご飯に皿いっぱいのお刺し身、新潟の地酒さえ出せば県外の人は皆満足するだろうという意識がかなりあるのではないでしょうか。特に食の分野では素材の良さに甘えて創意工夫があまり行われてこなかったのではないかと、県外出身の学生の感想からもそんな側面が見え隠れします。

また、県外の人からは、「新潟というのは海の幸、山の幸に恵まれていて様々なブランドがあってうらやましいですね。うちの地域は、ともかく必死になって、地域のブランドやイメージを情報発信しようと背伸びして頑張っていますから。そこまでしなくてもいい新潟は本当にうらやましい限りですね。」と言われることがあります。しかし、このことは新潟が他の地域に比べると既存のブランド力にあぐらをかいて、あまり努力を行ってこなかったということの裏返しではないでしょうか。あるいは、コシヒカリ、新潟の酒と戦後ブランド化がうまくいったという成功体験が大きすぎて、地域間競争が激化している現代にかえってマイナスに影響しているのかもしれません。

いずれにしても新潟のブランド力に関する最大の弱みとは、情報発信力の欠如にほかならないのではないでしょうか。ここ数年、新潟県や新潟市などでブランドの開発や地域の情報発信が活発化してきましたが、私が見る限り他地域よりもかなり後手に回っているのは否めません。

ミシュランの観光地評価でも佐渡以外の観光地は取り上げられることすらありませんでした。これも情報発信の少なさといった面も影響しているのかもしれません。

○　ＭＡＮＧＡを新たな新潟のブランドへ

最近、漫画やアニメ、ゲーム、フィギュアといったいわゆるサブカルチャーに対して国内外から熱い視線が向けられています。特に新潟県は全国的に見ても有名な漫画家を多数輩出した土地柄です。「ドカベン」の水島新司さんや「めぞん一刻」の高橋留美子さん、「翔んだカップル」の柳沢きみおさん、「１・２の三四郎」の小林まことさん、「パタリロ」の魔夜峰央さん、「ショムニ」の安田弘之さん、「ヒカルの碁」の小畑健さんら挙げだしたら切りがありません。また赤塚不二夫さんも小中学校の一時期を新潟市で過ごしています。

今や漫画はＭＡＮＧＡとなり、世界中の若者の心をとらえています。ハリウッドでも次々と日本の有名な漫画が実写化される時代です。アメリカやイギリスだけでなく、世界各国の書店に日本の漫画本が並んでいます。

そもそも新潟に漫画を凌ぐ世界的なブランド力を持つものがほかにあるでしょうか。新潟市が「にいがたマンガ大賞」を創設したり、古町には水島新司まんがストリートができるなど官民挙げた取り組みも少しずつ行われてはいますが、もうひと押しの取り組みが必要ではないでしょうか。このほか、新潟市では一九八三年から新潟コミックマーケット（通称：ガタケット）と呼ばれる同人誌の展示即売会が一〇〇回以上開催されていて、関係者にとっては聖地ともいうべき場所になっています。

これまでは、このような動きに対して、一部の趣味人、おたくの道楽といったようにどちらかというと冷めた目で見られがちでしたが、今や秋葉原がアキバとして海外から多数の観光客が訪れる時代です。新潟市は第二のアキバとしての可能性を多く秘めています。

新潟市美術館で「高橋留美子展」を開催するなど単発のイベントはありますが、新潟はこれだけ数多くの漫画家を輩出している割には、漫画に関する資料が常設されているところはありません。国内外から、数多くの観光客が世界のＭＡＮＧＡの聖地である新潟を訪れるための仕掛けづくりなどというのはあまりにも突拍子もない絵空事と思う人も少なくないでしょうが、三〇年、五〇年というロングスパンで考えれば、今のうちから手を打たないと手遅れになってしまうでしょう。著名な作家、作曲家の出身地が観光地として脚光を浴びるのと同じように、世界的な漫画家を輩出している新潟にも同様の可能性はあるわけです。

○　新潟の食の新たな展開

第二章でも触れたように、新潟の食ブランドに関しては幾つかの課題があります。その中でもここではＢ級グルメに絞って新たな展開の可能性を考えたいと思います。

景気の低迷ということもあって、ここ数年Ｂ級グルメに注目が集まっています。新潟のＢ級グルメといえば、新潟市内ではイタリアンやたれカツ丼、若鳥の半身揚げ（カレー味）が挙げられるでしょう。全国的に個性豊かなカツ丼（あるいはかつめし）を地域の特産として情報発信しているのは、福島県会津若松市（ソースカツ丼）、長野県駒ケ根市（ソースカツ丼）、兵庫県加古川市（かつめし）などがありますが、新潟のたれカツ丼はこれらに勝るとも劣らない一品です。しかし、カツ丼マップなどが作成されていないことなどもあって、他の地域に比べると情報発信量では明らかに劣っていましたが、ようやくマップが作成されることとなり、たれカツ丼を応援する動きが活発化しつつあります。Ｂ級グルメの大特集を行った日経トレンディ六月号では、原宿にある新潟県のアンテナショップ「表参道・新潟館ネスパス」の評価の中で、「イチ押しの鮭親子丼は満足度低め」としている中で、新潟たれかつ丼膳のほうがご当地グルメ度が感じられると紹介されているぐらい、新潟の内外にファンがいるのです。

同誌の中では、鹿児島県が最高の評価で三つ星、秋田県、宮城県のアンテナショップが二つ星となっているのに対して、新潟県は一つ星と残念ながら低い評価になっています。一一〇〇円の値段設定で「期待に反してサケの身やイクラの量が物足りなく感じる」という評を受けてしまうということは、本来情報発信を的確に行うべき使命を持ったアンテナショップが消費者のニーズ、特にＢ級グルメが世間で受けていることをあまり理解していなかったのかもしれません。

目を新潟市外に転じると、最近では三条市のカレーラーメンが全国区になりそうな予感があります。北海道室蘭市では、札幌、旭川、函館に続く北海道第四のラーメンとして積極的にカレーラーメンをＰＲしていますが、三条市のカレーラーメンは室蘭市よりも二〇年以上歴史が古く、しかも味のバラエティーさや店の数の多さでも室蘭を圧倒的に凌ぐものがあります。惜しむらくは、地域全体でカレーラーメンを盛り上げていこうという動きが遅かった点にありますが、テレビなどでも取り上げられるようになりました。今後は室蘭市や苫小牧市（室蘭市よりも先にカレーラーメンが流行した）、青森市（味噌カレー牛乳ラーメン）などと協力してカレーラーメンサミットを開催するなど全国的なＰＲに向けた活動が求められます。

ラーメンに関しては、喜多方ラーメンの取り組みを参考にすることも有効でしょう。喜多方市のラーメンマップには小のメニューがある店や三人以上で一杯のラーメンを食べてもＯＫの店のリストが書かれています。Ｂ級グルメを食べに来る観光客の多くは食べ歩きを好みます。できるだけいろいろな味を楽しんでもらおうという試みは、まさに店同士をＷＩＮ・ＷＩＮの関係に導いてくれます。全国区となったさぬきうどんの店も小（うどん一玉）があるのが一般的です。この点が他のうどんの産地との差別化につながったのでしょう。

長岡市の洋風カツ丼もカレーラーメン同様、本来であればもっと注目を浴びてもおかしくないＢ級グルメです。これは名前に丼がついているにもかかわらず、皿にご飯が敷かれ、その上にデミグラス系のソースがかかったかつが載って野菜などが添えられるといったものです。類似のものとして北海道根室市のエスカロップ、前述の加古川市のかつめし、長崎市のトルコライスなどがありますが、どれもＢ級グルメのファンには知られるところとなっています。残念ながら長岡の洋風カツ丼の知名度はそこまではありませんが、この辺にも新潟のブランド力、特に情報発信力の課題があるようです。

このほか、最近では加茂市で国内発祥の地ということをキーワードにマカロニでまちおこしを行おうという試みが始まっています。このような動きは大変喜ばしいことで、継続的な活動が行われることが期待されますが、まずは地元の人に愛されなければ長続きしません。加茂市のような動きを北陸新幹線が延伸する上越地方でももっと参考にしてほしいものです。例えば東北新幹線の延伸に合わせて青森県十和田市ではバラ肉と玉ねぎをしょうゆベースの甘辛いたれにからませて鉄板で焼く「バラ焼き」を地元の名物として売り出そうと、市と市民が協働して活動を展開しています。糸魚川市や上越市、妙高市でも観光客を途中下車させるぐらいの魅力あるB級グルメを開発してもらいたいものです。

◯ 景観という名の地域資源

新潟のブランド力として、もっと評価されてもよいのではないかと考えるのが景観です。佐渡に夕日の沈む景観はもちろんのこと、山間部には上高地にも負けない景観を味わえるところが幾つもありますが、ここでは新潟市内に限定して考えてみます。

新潟市内には残念ながら金沢市や高山市のような歴史的な街並みが多く残されているわけではありませんが、それを補うに余りあるのが自然景観、それも海、山、川、島の四つが見事にそろった眺望です。冬の晴れた日に朱鷺メッセの展望台に上がれば、紺碧の日本海に浮かぶ佐渡と粟島、足元には日本一の信濃川が雄大な越後平野の中を流れ、眼前には日本百名山の飯豊連峰や朝日連峰の真っ白な山並みが輝いています。運が良ければ鳥海山まで望めるかもしれません。このような雄大な景観を味わうことができるのは県庁所在都市の中ではもちろんのこと、日本随一といっても過言ではないでしょう。もちろん、このような素晴らしい景観は天候に左右されることが大きく、新潟のブランドとしてPRしにくい側面があるのもまた事実ですが、なかなか見られないということを逆手にとった宣伝方法もあり得るでしょう。新潟市内には朱鷺メッセのほか、NEXT21、新潟県庁の展望室など展望施設には恵まれていますから、観光資源として活用することが大いに可能です。

このほか、鳥屋野潟、福島潟、佐潟のいわゆる新潟三潟の景観も他の政令指定都市にはないものですし、個人的には角田山を背にした上堰潟公園の眺めも素晴らしいものがあると思います（写真3）。このような素晴らしい景観を地域の貴重な資源として守り、また、情報発信していくことが新潟のブランド力を高める一助となるのではないでしょうか。

写真３　角田山を背にした上堰潟公園の眺め

おわりに　二〇二五年の新潟

○　過去から学ぶ

これまで、新潟県や新潟市などにおける中長期的な政策課題を七つ取り上げ、その課題の背景や現状、今後の展望などについて論じてきました。どの課題も様々な側面を持ち、簡単に解決できるものではありませんし、私自身妙案を持ち合わせているわけでもありません。むしろ、読者の皆さんに新潟を取り巻く公共政策の課題に関する理解を深めてもらうことを目的に書いたものですから、このような課題があるということを一人でも多くの方に知ってもらえば本書の目的は大方達成されたといってもいいでしょう。

いずれにしても、現在、そして中長期的に解決していかなければいけない諸課題を理解するためには、単によその地域と比べるという地域間の比較の視座だけでなく、歴史を紐解くという時代間の比較の視座が重要だと考えます。新潟という地域の歴史を直視し、歴史からの教訓をしっかりと生かしていくこと、特に温故知新という視点が中長期的な課題を解決するための大前提となるでしょう。これは、Ｂ級グルメという分野ですらキーワードとなっています。新しいご当地グルメを開発することも一つの手法ですが、これまで地域に根付いてきた食文化に光を当てたところほどより地域の振興につながっています。過去から学ぶべきことはまだまだたくさんあります。

○　二〇二五年の新潟は？

今から一六年後の、二一世紀となってから四半世紀が経過する二〇二五年に新潟はどのような変ぼうを遂げているでしょうか？　人口の約三分の一が高齢者で占められ、人口減が続く中、外国人住民の数はそれなりに増えていることでしょう。また、地球温暖化の影響が新潟の農林水産業や市民生活にも影響を与えるようになり、スキー場の数は激減しているかもしれません。

そして、新潟県自体が道州制の導入によって消滅しているかもしれません。そもそも二一世紀は変化の目まぐるしい時代です。九・一一テロや未曾有の経済危機、新型インフルエンザの猛威などを予想していた人がどれほどいたでしょうか。今や半年や一年先のことすら予想することは容易ではありません。

しかし、本書で取り上げた政策課題については、事の軽重こそあれ、どれも確実に新潟に影響を及ぼすことであり、また、我々市民一人一人が自分たちの問題として受け止めなければいけないことばかりです。これらの課題は我々の日常生活に様々な影響を及ぼし、また、自治体や関係機関はそれぞれの役目を果たすべく、諸問題の解決に向けてすでに動きだしています。

○ 今何を始めるべきか

先行きが不透明な時代ですから、今日明日のことで手いっぱい、将来のことなどとても考えている余裕はないという人も少なくないとは思います。構造改革という名の荒波の後は、未曾有の経済危機が押し寄せ、社会全体のセーフティーネットをしっかりと構築しておくことがいかに重要であるかを多くの人が認識を新たにしたことと思います。しかし、すべてを国や自治体任せにする時代ではないこともまた事実です。私の専門とする地方自治の分野でも補完性の原理の重要性が唱えられています。これは、もともとはキリスト教に起源を持つもので、分かりやすく言えば、個人でできることはできるだけ個人が、個人でできないことは家族が、家族でできないことはコミュニティ（地域社会）が、コミュニティでできないことは基礎自治体（市町村）が、基礎自治体でできないことは広域自治体（都道府県）が、広域自治体でできないことは国家が担うべきであるという考え方です。

本書で取り上げた課題の中でも、地球温暖化や災害に強い地域づくりなどは特に個人や家族、コミュニティの役割が重要となりますし、観光やブランド力、二〇一四年問題なども地域の力が試されている問題でもあります。

役所任せ、人任せではなく、市民一人一人がこれらの中長期的な課題を意識して、日々の生活を少しずつ変えていくことこそが地域の将来を大きく変えていく起爆剤となるのではないでしょうか。本書がそのための第一歩を踏み出すきっかけとなれば幸いです。

■著者紹介

田村　秀（たむら・しげる）

1962年生まれ。北海道苫小牧市出身。

東京大学卒業後旧自治省入省。岐阜県地方課、地方債課係長、香川県企画調整課長、市町村アカデミー教授、三重県財政課長、給与課課長補佐、東京大学大学院客員助教授、バーミンガム大学客員研究員、国際室課長補佐、自治大学校教授を経て2001年より新潟大学法学部助教授、2007年より教授。国際基督教大学博士（学術）。

専門：行政学、地方自治、公共政策、食によるまちづくり

主な役職：内閣府道州制ビジョン懇談会区割り基本方針検討専門委員会委員、全国知事会第九次自治制度研究会委員、東京大学工学部非常勤講師、政策研究大学院大学客員教授等

主な著書：「市長の履歴書」（ぎょうせい、2003年）、「道州制・連邦制」（ぎょうせい、2004年）、「政策形成の基礎知識」（第一法規、2004年）、「データの罠」（集英社新書、2006年）、「自治体ナンバー２の役割」（第一法規、2006年）、「自治体格差が国を滅ぼす」（集英社新書、2007年）、「Ｂ級グルメが地方を救う」（集英社新書、2008年）他多数

http://tamura-shigeru.cocolog-nifty.com/blog/

ブックレット新潟大学51　2025年の新潟を展望する　―新潟をめぐる7つの課題―

2009年８月31日　初版第１刷発行

編　者――新潟大学大学院現代社会文化研究科
ブックレット新潟大学編集委員会

著　者――田村　秀

発行者――德永　健一

発行所――新潟日報事業社

〒951-8131　新潟市中央区白山浦2-645-54

TEL　025-233-2100　　FAX　025-230-1833

http://www.nnj-net.co.jp

印刷・製本――新高速印刷㈱

　Printed in Japan　ISBN978-4-86132-357-7

「ブックレット新潟大学」刊行にあたって

新潟大学大学院現代社会文化研究科が「ブックレット新潟大学」の刊行を開始したのは、二〇〇二年という、二一世紀に入って、まだ間もないときです。

二〇世紀は、科学技術が目覚ましい発展を遂げた世紀でした。われわれもその恩恵にあずかって、今日に至っています。同時に、最先端の科学や技術が戦争の道具となり、人類が築いてきたものを、瞬時に破壊する手段となりうる危険を味わったのも二〇世紀でした。二〇世紀の最大の悲劇は、多様性を排除する原理主義的傾向が極まったところにあるといえるでしょう。もともと近代化はヨーロッパ社会の絶対化という側面を伴って進行したともいえます。その負の側面が肥大して、例えば、第二次世界大戦、非戦闘員をも含んだ大量虐殺が引き起こされました。また、その後のベトナム戦争や様々な悲劇も生じたといえるでしょう。こうしたことの反省から、多様性を尊重し、相互に共生できる社会を求めることの重要性が徐々に、しかし、広く共有されるようになりました。確かに、「共生」という言葉には、新鮮な響きがあったのです。

しかし、二〇世紀が終わるころから今世紀の初めにかけて、「グローバリゼーション」という言葉がもてはやされ、実際には、唯一の強国となったアメリカの流儀、すなわちアメリカン・スタンダードが世界を覆う状況が生まれました。これは、「文明の衝突」というような事態を引き起こし、ついには世界経済危機をもたらしました。そして今、その反省の上に、新たな世界への模索が続いています。

このブックレットが初めて刊行されてから七年たった今、新たな世紀が始まりだしたといえます。「共生」という理念が今こそ共有されるべきでしょう。原理主義という過激な渦は今も至る所で大きく成長しかねない状況です。われわれに今求められていることは、共生するシステムを構築することだといえるのです。

本研究科は、「共生」という理念を掲げ、現代の諸問題を多面的に研究し、学問的成果を育んでいます。このブックレットはその成果の一端を高校生に向けて分かりやすく書いたものです。ブックレットの刊行が「共生」という理念を世界の人々と共有するための一助になることを願う次第です。

二〇〇九年八月

新潟大学大学院現代社会文化研究科
研究科長　菅原陽心